やさしくわかるデジタル時代の

情報モラル 3

インターネット・メール・セキュリティ編

松 … 著

技術評論社

はじめに

インターネットは情報化社会《じょうほうかしゃかい》において必要不可欠《ひつようふかけつ》なものになっています。大人《おとな》だけでなく子《こ》どもにも、学習《がくしゅう》、仕事《しごと》、家庭《かてい》など、広範囲《こうはんい》に利用《りよう》されています。一方《いっぽう》、スマートフォンやパソコンなどのインターネット端末《たんまつ》やそのサービスの使用《しよう》に際《さい》しては、ルールを守《まも》り、基本的《きほんてき》な技術《ぎじゅつ》を理解《りかい》する必要《ひつよう》があります。インターネットを通《つう》じたさまざまなサービスは便利《べんり》である反面《はんめん》、使《つか》い方《かた》を誤《あやま》ると、危険《きけん》にさらされることを知《し》っておく必要《ひつよう》があります。

本書《ほんしょ》は、これからスマートフォンやパソコンなどのインターネット機器《きき》を使《つか》う人《ひと》だけでなく、すでに使《つか》っている人《ひと》も情報《じょうほう》モラルを学習《がくしゅう》できるように編集《へんしゅう》しています。本書《ほんしょ》の特徴《とくちょう》として次《つぎ》の点《てん》を挙《あ》げることができます。

- 情報《じょうほう》モラルの基本概念《きほんがいねん》を理解《りかい》できる
- 情報《じょうほう》モラルを知《し》る上《うえ》で必要《ひつよう》な基本技術《きほんぎじゅつ》を理解《りかい》できる
- 具体例《ぐたいれい》が図表《ずひょう》とともに解説《かいせつ》されている
- 知《し》っておきたい関連知識《かんれんちしき》がコラムに記載《きさい》されている
- 総《そう》ルビで読《よ》みやすい形式《けいしき》になっている

インターネット・メール・セキュリティ編《へん》では、インターネットやメールの基本的《きほんてき》なしくみ、必要《ひつよう》な機器《きき》、ルールやモラル、セキュリティなどについて解説《かいせつ》しています。これらを理解《りかい》することにより、インターネットを便利《べんり》に利用《りよう》することができます。

インターネットを中心《ちゅうしん》とした情報技術《じょうほうぎじゅつ》は今後《こんご》さらに進歩《しんぽ》し、より広《ひろ》い用途《ようと》に利用《りよう》されていくでしょう。私《わたし》たちは情報《じょうほう》モラルを理解《りかい》することで、一層便利《いっそうべんり》で快適《かいてき》な生活《せいかつ》を送《おく》ることができます。

なお、本書《ほんしょ》における解説《かいせつ》、図表《ずひょう》、事例《じれい》は、標準的《ひょうじゅんてき》なインターネットやスマホなどの環境《かんきょう》を想定《そうてい》して記載《きさい》しています。

最後《さいご》に、本書《ほんしょ》の編集《へんしゅう》・企画《きかく》においてご尽力《じんりょく》いただいた技術評論社《ぎじゅつひょうろんしゃ》の渡邉悦司氏《わたなべえつじし》、松井竜馬氏《まついりょうまし》および関係各位《かんけいかくい》に深《ふか》く感謝《かんしゃ》の意《い》を表《あらわ》します。

松下孝太郎《まつしたこうたろう》、山本光《やまもとこう》

3-1
インターネットって何《なに》？

3-6
LAN《ラン》って何《なに》？

3-10
メールを書《か》くとき、
出《だ》すときのルールは何《なに》？

情報《じょうほう》モラルについていっしょに学《まな》んでいきましょう！

上原悠人《うえはらゆうと》さん　高橋真央《たかはしまお》さん　佐藤麻衣先生《さとうまいせんせい》

やさしくわかるデジタル時代《じだい》の情報《じょうほう》モラル

【③ インターネット・メール・セキュリティ編《へん》】目次《もくじ》

コラム

3-1 インターネットって何《なに》？

インターネットって何《なん》でしょう？　どんなことができるのでしょうか？

A

インターネットは、世界中《せかいじゅう》の通信回線《つうしんかいせん》とコンピュータをつなぐ巨大《きょだい》なネットワークです。

インターネットを通《つう》じ、さまざまなサービスが提供《ていきょう》され、世界中《せかいじゅう》の人《ひと》とのコミュニケーションが可能《かのう》になっています。

インターネットは、世界中《せかいじゅう》の通信回線《つうしんかいせん》に数多《かずおお》くのスマホやパソコンなどの電《でん》子機器《しきき》、ネットワーク機器《きき》がつながった、巨大《きょだい》なネットワークです。

インターネットがあるおかげで、いつでも、どこでも、誰《だれ》でも、世界中《せかいじゅう》の人々《ひとびと》がやり取《と》りできるようになりました。そして、インターネットにはホームページやショッピング、動画《どうが》やゲームなど、さまざまな「サービス」が提供《ていきょう》されています。こういったインターネット上《じょう》でサービスを提供《ていきょう》しているコンピュータのことを「サーバー」といいます。ホームページを提供《ていきょう》するWeb《ウェブ》サーバーやメールをやり取《と》りするメールサーバーなどがあります。

インターネットは巨大《きょだい》なネットワーク

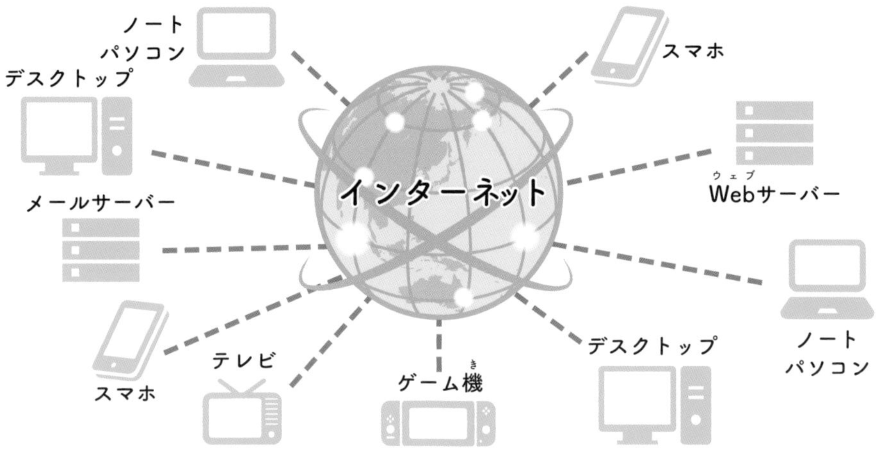

コラム Column

インターネットの将来《しょうらい》

インターネットは通信回線《つうしんかいせん》とコンピュータ、ネットワーク機器《きき》の集《あつ》まりです。パソコンやスマホでの利用《りよう》が主流《しゅりゅう》ですが、テレビやゲームでも通信機能《つうしんきのう》があれば、インターネットに接続《せつぞく》してサービスを利用《りよう》できます。

将来《しょうらい》は、通信装置《つうしんそうち》の小型化《こがたか》が進《すす》み、あらゆる「モノ」がインターネットにつながるようになると言《い》われています。それをIoT《アイオーティー》「モノのインターネット」と呼《よ》び、未来《みらい》の情報社会《じょうほうしゃかい》の技術《ぎじゅつ》として注目《ちゅうもく》されています。

インターネット上《じょう》のやり取《と》りはどんなしくみなの？

インターネットはどんなしくみで世界中《せかいじゅう》の人《ひと》とやり取《と》りできるのでしょうか？

A

インターネットにつながるすべてのコンピュータにはIP《アイピー》アドレスという固有《こゆう》の番号《ばんごう》がつけられています。

この番号《ばんごう》が住所《じゅうしょ》の代《か》わりになって、世界中《せかいじゅう》のどんなに離《はな》れた相手《あいて》とでも正確《せいかく》にデータのやり取《と》りができるしくみになっています。

インターネットにつながるコンピュータにはIP《アイピー》アドレスという、同《おな》じものがない固有《こゆう》の番号《ばんごう》がつけられます。それが目印《めじるし》（住所《じゅうしょ》）となって、相手《あいて》とデータのやり取《と》りができるしくみです。IP《アイピー》アドレスは「104.20.36.67」のように、数字《すうじ》を「.」（ピリオド）で区切《くぎ》って4つ並《なら》べたものです。数字《すうじ》はそれぞれ0から255までが使《つか》えます。単純計算《たんじゅんけいさん》で約《やく》42億通《おくとお》りの組《く》み合《あ》わせが可能《かのう》です。また、IP《アイピー》アドレスはインターネット上《じょう》で重複《ちょうふく》が起《お》きないよう、管理団体《かんりだんたい》で厳重《げんじゅう》に管理《かんり》されています。

● IP《アイピー》アドレスは住所《じゅうしょ》

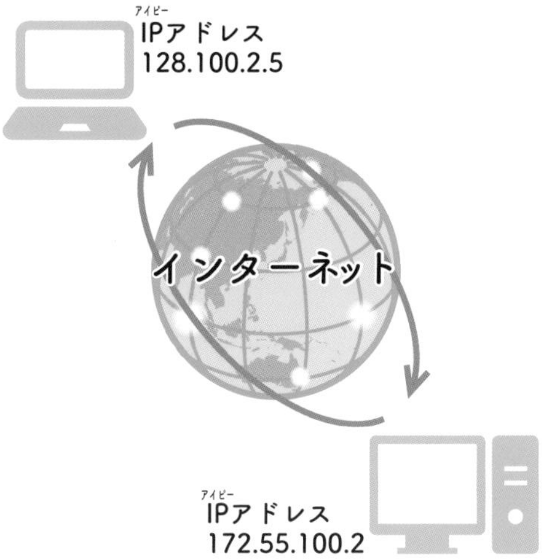

● IP《アイピー》アドレスのしくみ

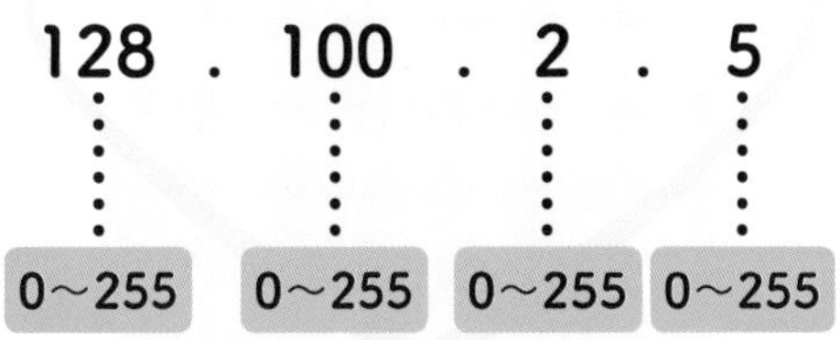

IP《アイピー》アドレスの組《く》み合《あ》わせは
約《やく》42億通《おくとお》り

コラム Column　IP《アイピー》アドレスの問題《もんだい》

IP《アイピー》アドレスのIP《アイピー》はInternet《インターネット》 Protocol《プロトコル》の略《りゃく》です。プロトコルとはデータをやり取《と》りするための「通信上《つうしんじょう》のルール」を表《あらわ》します。現在《げんざい》の主《おも》に使《つか》われているIP《アイピー》アドレスはIPv4《アイピーブイフォー》というバージョンです。近年《きんねん》、インターネットに接続《せつぞく》する機器《きき》が爆発的《ばくはつてき》に増《ふ》え、IPv4《アイピーブイフォー》では新規《しんき》の割《わ》り当《あ》てができなくなりました。そこで登場《とうじょう》したのがIPv6《アイピーブイシックス》です。1兆《ちょう》×1兆《ちょう》×1兆以上《ちょういじょう》の膨大《ぼうだい》な数《かず》の割《わ》り当《あ》てが可能《かのう》です。しかし、IPv6《アイピーブイシックス》とIPv4《アイピーブイフォー》では直接《ちょくせつ》のやり取《と》りができません。そこで、現状《げんじょう》では限《かぎ》られたIPv4《アイピーブイフォー》のアドレスを使《つか》い回《まわ》しつつ、徐々《じょじょ》にIPv6《アイピーブイシックス》に移行《いこう》している状況《じょうきょう》です。

3-3 インターネットの情報《じょうほう》はどこからくるの？

パソコンやスマホでホームページなどを見《み》るとき、どこから情報《じょうほう》が送《おく》られてくるのでしょうか？

A

ホームページなどの情報《じょうほう》は、世界中《せかいじゅう》に設置《せっち》されたWeb《ウェブ》サーバーにあります。私《わたし》たちは、パソコンやスマホに入《はい》ったWeb《ウェブ》ブラウザというアプリを使《つか》ってWeb《ウェブ》サーバーにアクセスし、情報《じょうほう》を得《え》ています。有名《ゆうめい》なアプリにGoogle Chrome《グーグル クローム》やSafari《サファリ》があります。

私《わたし》たちがパソコンやスマホで楽《たの》しんでいるニュース、動画《どうが》、ショッピングなどのさまざまな情報《じょうほう》を提供《ていきょう》しているのがインターネット上《じょう》に数多《かずおお》くあるWeb《ウェブ》サーバーです。このWeb《ウェブ》サーバーにアクセスして情報《じょうほう》を見《み》るためのアプリがWeb《ウェブ》ブラウザです。Web《ウェブ》ブラウザはどのパソコンやスマホにも最初《さいしょ》から入《はい》っています。Web《ウェブ》ブラウザにはアドレス欄《らん》があり、ここに「http://www.yahoo.co.jp/」などとURL《ユーアールエル》（Webサーバーの住所《じゅうしょ》のこと。Web《ウェブ》アドレスともいう）を指定《してい》することで、自分《じぶん》のパソコンに見《み》たいWeb《ウェブ》ページのデータが送《おく》られてきます。

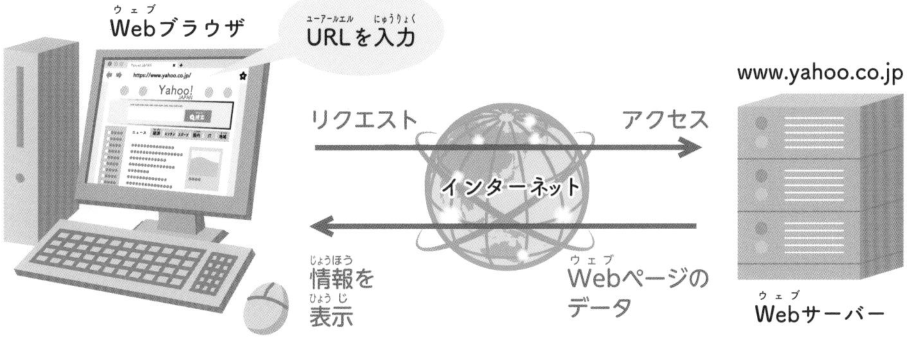

Column コラム

パケット

インターネット上《じょう》でやり取《と》りされるデータは、パケット（小包《こづつみ》）と呼《よ》ばれる小《ちい》さな単位《たんい》に分割《ぶんかつ》して送受信《そうじゅしん》されるため、途中《とちゅう》でエラーになっても少《すく》ないやり直《なお》しで済《す》み、大《おお》きなデータで回線《かいせん》をひとりじめすることも避《さ》けられます。こうしてたくさんの人《ひと》が効率的《こうりつてき》に回線《かいせん》を利用《りよう》できるのです。

3-4

URL《ユーアールエル》はどんな役《やく》割《わり》なの？

Web《ウェブ》ブラウザのアドレス欄《らん》に入力《にゅうりょく》するURL《ユーアールエル》には、どのような意味《いみ》があるのでしょうか？

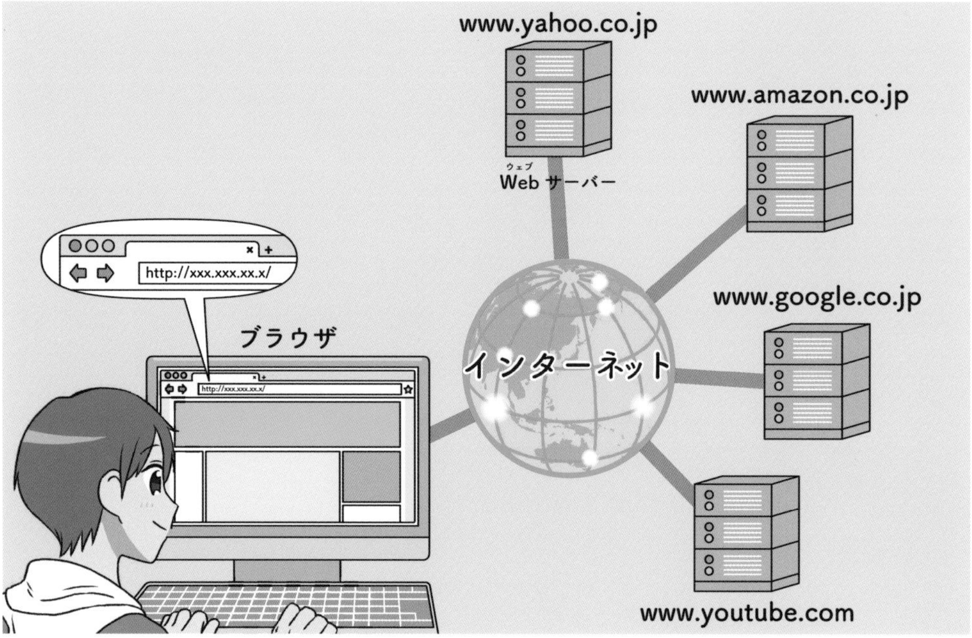

A

インターネットで見《み》たい情報《じょうほう》があったとき、Web《ウェブ》ブラウザのアドレス欄《らん》に入力《にゅうりょく》するのがURL《ユーアールエル》です。URL《ユーアールエル》には2つのことが示《しめ》されています。ひとつはどんなやり方《かた》で通信《つうしん》を行《おこな》うかです。もうひとつはアクセスしたいWeb《ウェブ》サーバーの住所《じゅうしょ》です。

URL《ユーアールエル》には大《おお》きく2つの役割《やくわり》があります。ひとつは通信《つうしん》のルール（プロトコル）を示《しめ》すこと、ひとつはWeb《ウェブ》サーバーの住所《じゅうしょ》（ドメイン名《めい》）を示《しめ》すことです。下図《かず》はGoogle《グーグル》にアクセスするときのURL《ユーアールエル》です。最初《さいしょ》のhttpは、Web《ウェブ》サーバーとWeb《ウェブ》ブラウザがデータをやり取《と》りするための通信《つうしん》のルール（プロトコル）です。次《つぎ》のwww.google.co.jpがドメイン名《めい》です。IP《アイピー》アドレスはインターネット上《じょう》のコンピュータの住所《じゅうしょ》を表《あらわ》すものですが、数字《すうじ》のため人間《にんげん》にはわかりにくいという欠点《けってん》があります。そこでURL《ユーアールエル》にはWeb《ウェブ》サーバーのIP《アイピー》アドレスを人間《にんげん》にわかりやすい表記《ひょうき》にしたドメイン名《めい》が使用《しよう》されます。

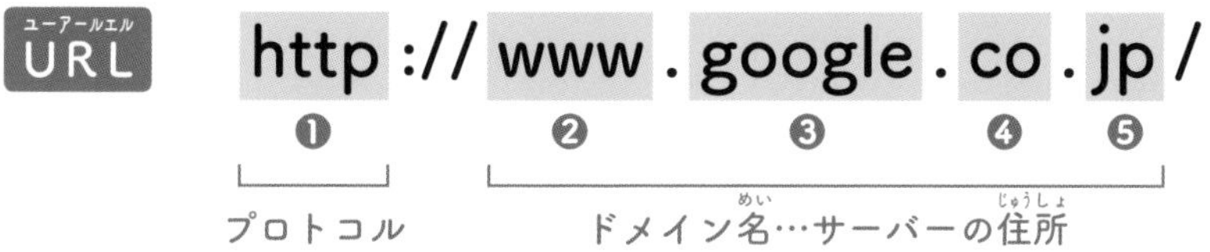

❶ http《エイチティーティーピー》…Web《ウェブ》サーバーとWeb《ウェブ》ブラウザがデータをやり取《と》りするための通信《つうしん》ルール。https《エイチティーティーピーエス》はやり取《と》りを暗号化《あんごうか》し、安全性《あんぜんせい》を高《たか》めたもの。

❷ ホスト名《めい》…サーバーの種類《しゅるい》。www《ダブリューダブリューダブリュー》はWeb《ウェブ》サーバーを表《あらわ》す。無《な》いこともある。

❸ 組織名《そしきめい》…会社《かいしゃ》や学校《がっこう》、省庁《しょうちょう》など、組織《そしき》の名前《なまえ》。google《グーグル》はグーグル社《しゃ》のこと。

❹ 組織《そしき》…会社《かいしゃ》や政府《せいふ》など組織《そしき》の種類《しゅるい》を表《あらわ》す。co《シーオー》は会社《かいしゃ》のこと。無《な》いこともある。

❺ 国《くに》…国《くに》の種類《しゅるい》を表《あらわ》す。jp《ジェーピー》は日本《にほん》。特《とく》に指定《してい》しないときはcom《コム》やnet《ネット》が使《つか》われる。

コラム
Column

ドメイン名《めい》とIP《アイピー》アドレスを変換《へんかん》するDNS《ディーエヌエス》サーバー

ドメイン名《めい》とIP《アイピー》アドレスを変換《へんかん》する役割《やくわり》を担《にな》っているのが、DNS《ディーエヌエス》サーバーです。Web《ウェブ》ブラウザに入力《にゅうりょく》したURL《ユーアールエル》はいったんDNS《ディーエヌエス》サーバーに送《おく》られます。それがIP《アイピー》アドレスに変換《へんかん》されてWeb《ウェブ》ブラウザに戻《もど》り、Web《ウェブ》サーバーとのやり取《と》りに使《つか》われます。

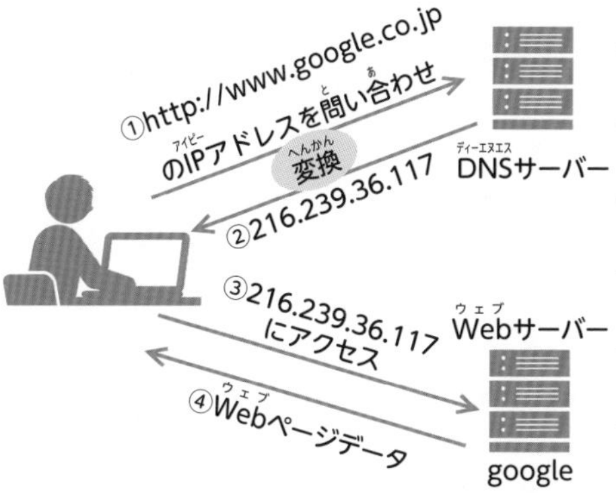

なお、ドメイン名《めい》はIP《アイピー》アドレスと同様《どうよう》に、インターネット上《じょう》で同《おな》じ名前《なまえ》はありません。

3-5

インターネットにはどんな風《ふう》につながっているの？

いろんなところからインターネットを利用《りよう》できますが、どんなしくみでつながっているのでしょうか？

私《わたし》たちの自宅《じたく》や学校《がっこう》にあるパソコン機器《きき》は、建物内《たてものない》のインターネット接続装置《せつぞくそうち》（モデムやONU《オーエヌユー》）につながった回線《かいせん》を通《つう》じて、プロバイダと呼《よ》ばれるインターネット接続業者《せつぞくぎょうしゃ》（ISP《アイエスピー》）を経由《けいゆ》し、インターネットにアクセスしています。

プロバイダは、インターネット接続《せつぞく》事業者《じぎょうしゃ》と呼《よ》ばれ、インターネットを利用《りよう》するために必要《ひつよう》な IP《アイピー》アドレスの発行《はっこう》や接続《せつぞく》のためのユーザー認証《にんしょう》、メールアドレスの提供《ていきょう》などを行《おこな》っています。私《わたし》たちはプロバイダを通《とお》してインターネットに接続《せつぞく》しているのです。自分《じぶん》のパソコンとプロバイダをつなぐには回線《かいせん》を利《り》用《よう》します。コンピュータの内部《ないぶ》はデジタル信号《しんごう》で処理《しょり》されていますが、回線《かいせん》に流《なが》れる信号《しんごう》はアナログ信号《しんごう》や光信号《ひかりしんごう》など、さまざまな種類《しゅるい》があり、そのままでは利用《りよう》できません。そこで、プロバイダに送《おく》るデジタル信号《しんごう》を回線《かいせん》の種類《しゅるい》に合《あ》わせて変換《へんかん》するのがインターネット接続装置《せつぞくそうち》（モデムや ONU《オーエヌユー》）の役割《やくわり》です。

インターネットに接続《せつぞく》するしくみ

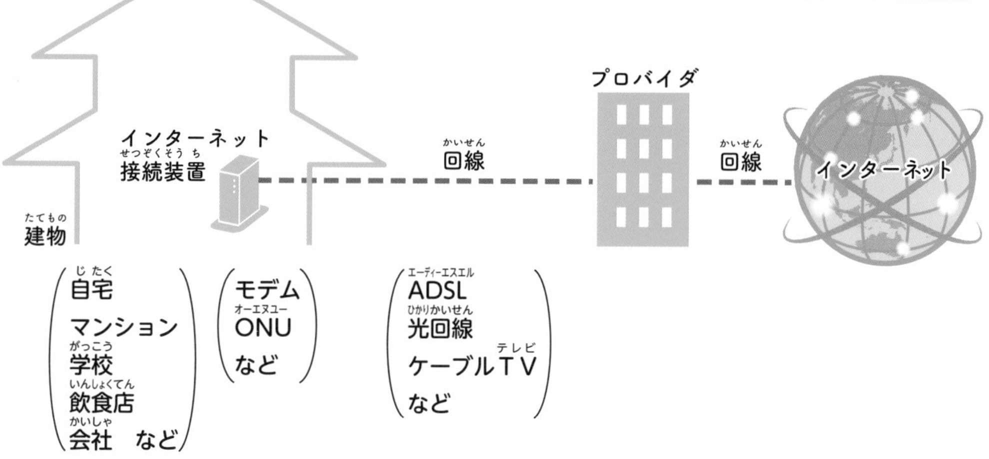

Column《コラム》

回線《かいせん》のいろいろ

回線《かいせん》にはいろいろなものが利用《りよう》されています。電話回線《でんわかいせん》を利用《りよう》する Yahoo《ヤフー》!BB《ビービー》などの ADSL《エーディーエスエル》や、光回線《ひかりかいせん》を利用《りよう》するフレッツ光《ひかり》、au《エーユー》 光《ひかり》などがあります。CATV《ケーブルテレビ》はケーブルを回線《かいせん》に利用《りよう》しています。他《ほか》にも電車《でんしゃ》の高架線《こうかせん》やコンセント（電《でん》線《せん》）など、意外《いがい》なものが回線《かいせん》として利用《りよう》できます。また、電波《でんぱ》を使《つか》った無線《むせん》も回線《かいせん》として使《つか》われています。飛行機《ひこうき》に搭乗中《とうじょうちゅう》、インターネットを利用《りよう》できるのは、人工衛星《じんこうえいせい》を利用《りよう》しているからです。

LAN《ラン》って何《なに》?

LAN《ラン》ってどんな意味《いみ》でしょうか? また、インターネットと何《なに》が違《ちが》うのですか?

LAN《ラン》は家《いえ》や学校《がっこう》の建物内《たてものない》など、狭《せま》い範囲《はんい》の中《なか》でつながったコンピュータ機器《きき》のネットワークのことです。一方《いっぽう》、インターネットのように世界中《せかいじゅう》のコンピュータがつながった広域《こういき》のネットワークをWAN《ワン》といいます。

LAN《ラン》は機器同士《ききどうし》をLAN《ラン》ケーブルでつなげた狭《せま》い範囲《はんい》のネットワークです。一方《いっぽう》、インターネットは回線《かいせん》とプロバイダを通《とお》して世界中《せかいじゅう》のコンピュータがつながる広域《こういき》のネットトーク（WAN《ワン》）です。LAN《ラン》とWAN《ワン》は異《こと》なるネットワークなので双方向《そうほうこう》の通信《つうしん》ができません。これら異《こと》なる２つのネットワークをつなぎ、双方向《そうほうこう》の通信《つうしん》を可能《かのう》にするのがルーターです。ルーターのLAN《ラン》ポート（差込口《さしこみぐち》）にコンピュータ機器《きき》、WAN《ワン》ポートにモデムやONU《オーエヌユー》をつなぐことで、LAN《ラン》上《じょう》のどの機器《きき》からでもインターネットへのアクセスが可能《かのう》になります。

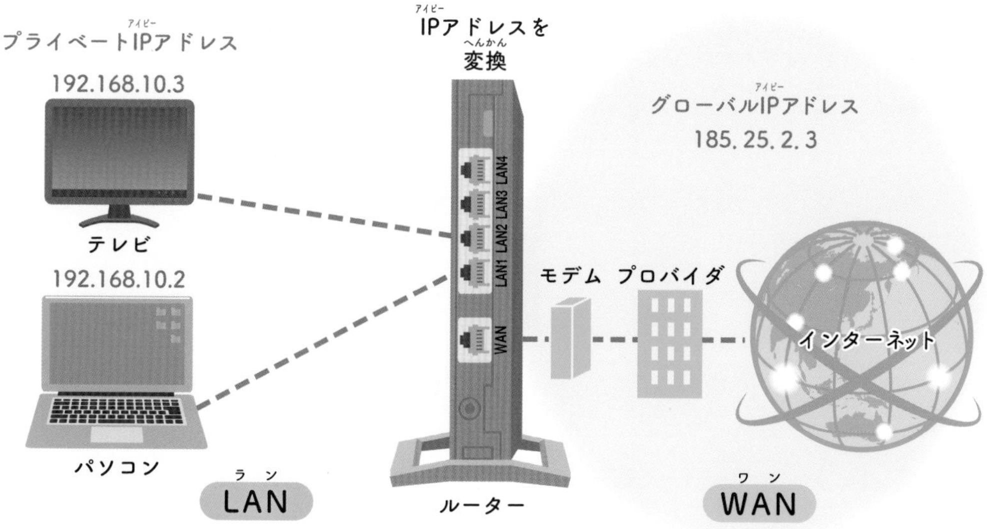

Column コラム

ルーターの役割《やくわり》

LAN《ラン》の機器《きき》にはLAN《ラン》の中《なか》だけでしか使《つか》えないプライベートIP《アイピー》アドレスが割《わ》り当《あ》てられています。それに対《たい》し、インターネットを利用《りよう》するためにプロバイダから割《わ》り当《あ》てられるIP《アイピー》アドレスのことをグローバルIP《アイピー》アドレスといいます。グローバルIP《アイピー》アドレスは、通常《つうじょう》1つ割《わ》り当《あ》てられます。ルーターは、1つしかないグローバルIP《アイピー》アドレスをLAN《ラン》上《じょう》のどの機器《きき》からでも使《つか》えるように管理《かんり》します。インターネットにアクセスするときはグローバルIP《アイピー》アドレスに変換《へんかん》し、インターネットから来《き》た情報《じょうほう》はプライベートIP《アイピー》アドレスに変換《へんかん》しているのです。

Wi-Fi《ワイファイ》ってどんなもの？

いろいろな場所《ばしょ》でWi-Fi《ワイファイ》という言葉《ことば》をよく聞《き》きますが、どういうものなのでしょうか？

LAN《ラン》には機器《きき》をLAN《ラン》ケーブルでつなぐ有線《ゆうせん》LAN《ラン》と、電波《でんぱ》でつなぐ無線《むせん》LAN《ラン》の2つの種類《しゅるい》があります。無線《むせん》LAN《ラン》の通信規格《つうしんきかく》をWi-Fi《ワイファイ》といいます。Wi-Fi《ワイファイ》は自宅《じたく》のほか、街《まち》や乗《の》り物《もの》など、幅広《はばひろ》く利用《りよう》されています。

Wi-Fi《ワイファイ》は無線《むせん》LAN《ラン》の規格《きかく》です。Wi-Fi《ワイファイ》に対応《たいおう》したルーターと端末《たんまつ》（パソコンやスマホ、ゲーム機《き》など）を使用《しよう》します。無線《むせん》LAN《ラン》につなぐときは、端末《たんまつ》からアクセスポイント（つなぐ先《さき》）となるWi-Fi《ワイファイ》ルーターのネットワーク名《めい》（SSID《エスエスアイディー》）を選《えら》び、パスワードを入力《にゅうりょく》します。

LAN《ラン》につなぐ際《さい》、LAN《ラン》ケーブルが必要《ひつよう》な有線《ゆうせん》LAN《ラン》と違《ちが》い、無線《むせん》LAN《ラン》は、いつの間《ま》にか知《し》らないパソコンやスマホが参加《さんか》できてしまうため、パスワード（暗号化《あんごうか》キー）を設定《せってい》して、不正《ふせい》な侵入《しんにゅう》を防《ふせ》ぎます。

Wi-Fi《ワイファイ》ルーターに表示《ひょうじ》されたネットワーク名《めい》とパスワードの例《れい》

●アクセスポイント（つなぐ先《さき》）

ネットワーク名《めい》（SSID《エスエスアイディー》）	ABterm2g
パスワード（暗号化《あんごうか》キー）	1234abcd

自宅《じたく》のWi-Fi《ワイファイ》ルーターには、アクセスポイントとなるネットワーク名《めい》（SSID《エスエスアイディー》）とパスワード（暗号化《あんごうか》キー）が書《か》かれていることが多《おお》い。

コラム Column

フリーWi-Fi《ワイファイ》には注意《ちゅうい》が必要《ひつよう》

街《まち》では誰《だれ》でも使《つか》えるフリーWi-Fi《ワイファイ》を見《み》かけます。無料《むりょう》ですぐ使《つか》えて便利《べんり》ですが、パスワード（暗号化《あんごうか》キー）が設定《せってい》されていない場合《ばあい》、他人《たにん》に盗聴《とうちょう》されたり、のぞき見《み》される危険《きけん》があります。また、悪意《あくい》のある人《ひと》が、Wi-Fi《ワイファイ》につないだ人《ひと》の情報《じょうほう》を盗《ぬす》むために、わざとパスワードを設定《せってい》せずに設置《せっち》しているケースもあります。大事《だいじ》な情報《じょうほう》を送《おく》るときは、フリーWi-Fi《ワイファイ》の利用《りよう》は避《さ》けましょう。なお、Wi-Fi《ワイファイ》の暗号化方式《あんごうかほうしき》には「WPA《ダブリューピーエー》」「WEP《ウェップ》」などがあり、暗号化《あんごうか》キー（パスワード）を設定《せってい》します。

3-8 4G《フォージー》（LTE《エルティーイー》）とWi《ワイ》-Fi《ファイ》って何《なに》が違《ちが》うの？

スマホを使《つか》うとき、場所《ばしょ》によって4G《フォージー》などが表示《ひょうじ》されますが、Wi《ワイ》-Fi《ファイ》との違《ちが》いは何《なん》でしょうか？

A

4G《フォージー》やLTE《エルティーイー》表示《ひょうじ》のときは携帯電話会社《けいたいでんわがいしゃ》の通信回線《つうしんかいせん》を使《つか》っています。モバイル通信接続《つうしんせつぞく》といいます。Wi《ワイ》-Fi《ファイ》（）表示《ひょうじ》のときはWi《ワイ》-Fi《ファイ》ルーターを通《つう》じて無線《むせん》LAN《ラン》につながっていることを示《しめ》しています。

スマホは２種類《しゅるい》の通信回線《つうしんかいせん》を利用《りよう》できます。どの回線《かいせん》を使用《しよう》しているかは、スマホ画面《がめん》の上《うえ》の表示《ひょうじ》を見《み》るとわかります。4G《フォージー》またはLTE《エルティーイー》と表示《ひょうじ》されていればモバイル通信《つうしん》、Wi-Fi《ワイファイ》（ ）表示《ひょうじ》のときはWi-Fi《ワイファイ》接続《せつぞく》です。モバイル通信《つうしん》は、携帯電話会社《けいたいでんわがいしゃ》の設置《せっち》した基地局《きちきょく》や交換局《こうかんきょく》の回線《かいせん》を使用《しよう》します。インターネットに接続《せつぞく》するときは交換局《こうかんきょく》がプロバイダのような役割《やくわり》をします。モバイル通《つう》信《しん》の利用《りよう》にはSIM《シム》カードが必要《ひつよう》です。また、契約《けいやく》プランによってはパケット通信量《つうしんりょう》に上限《じょうげん》があります。一方《いっぽう》、Wi-Fi《ワイファイ》接続《せつぞく》には、Wi-Fi《ワイファイ》チップが搭載《とうさい》されたスマホとWi-Fi《ワイファイ》ルーターを使用《しよう》します。自宅《じたく》などで常時接続《じょうじせつぞく》していれば、使《つか》い放題《ほうだい》です。

モバイル通信《つうしん》（LTE《エルティーイー》）で接続《せつぞく》

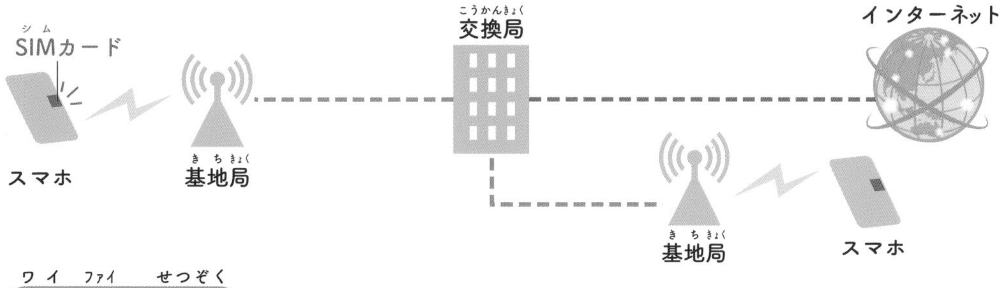

Wi-Fi《ワイファイ》で接続《せつぞく》

Column《コラム》

スマホの通信方法《つうしんほうほう》の使《つか》い分《わ》け

モバイル通信《つうしん》は、たくさんのデータをやり取《と》りすると、使《つか》えるパケット通信《つうしん》量《りょう》があっという間《ま》に上限《じょうげん》になります。動画《どうが》などの大《おお》きなデータをやり取《と》りするときはできるだけWi-Fi《ワイファイ》を使《つか》うようにしましょう。最近《さいきん》ではアプリを通《つう》じたインターネット通話《つうわ》があり、通話料《つうわりょう》が安《やす》かったり、無料《むりょう》の場合《ばあい》もありますが、こちらもデータのやり取《と》りにはパケット通信料《つうしんりょう》がかかるので、モバイル通信《つうしん》よりもコストのかからないWi-Fi《ワイファイ》の方《ほう》がお得《とく》です。

3-9

メールはどんなしくみで相手《あいて》に届《とど》くの？

メールが正確《せいかく》に送《おく》りたい相手《あいて》に届《とど》くのはなぜですか？

メールは、インターネット上《じょう》で同《おな》じものがないメールアドレスを住所《じゅうしょ》としてやり取《と》りします。送受信《そうじゅしん》には、メーラーというアプリを使《つか》います。送《おく》りたい相手《あいて》のメールアドレスを指定《してい》し、送信《そうしん》すると、メールサーバーを通《とお》して相手《あいて》にメールが届《とど》きます。

A《エー》さんがB《ビー》さんにメールを送信《そうしん》するしくみは次《つぎ》のようになります。

①A《エー》さんがメールを送信《そうしん》すると、データがA《エー》さんが登録《とうろく》しているメールサーバーに、SMTP《エスエムティーピー》というプロトコル（通信《つうしん》のルール）で送《おく》られます。

②A《エー》さんのメールサーバーからB《ビー》さんが登録《とうろく》しているメールサーバーにデータが転送《てんそう》され、B《ビー》さんのメールボックスに入《はい》ります。

③B《ビー》さんのメールサーバーにメールが到着《とうちゃく》したかどうかの問《と》い合《あ》わせや受信《じゅしん》は、POP《ポップ》またはIMAP《アイマップ》というプロトコルで行《おこな》われます。

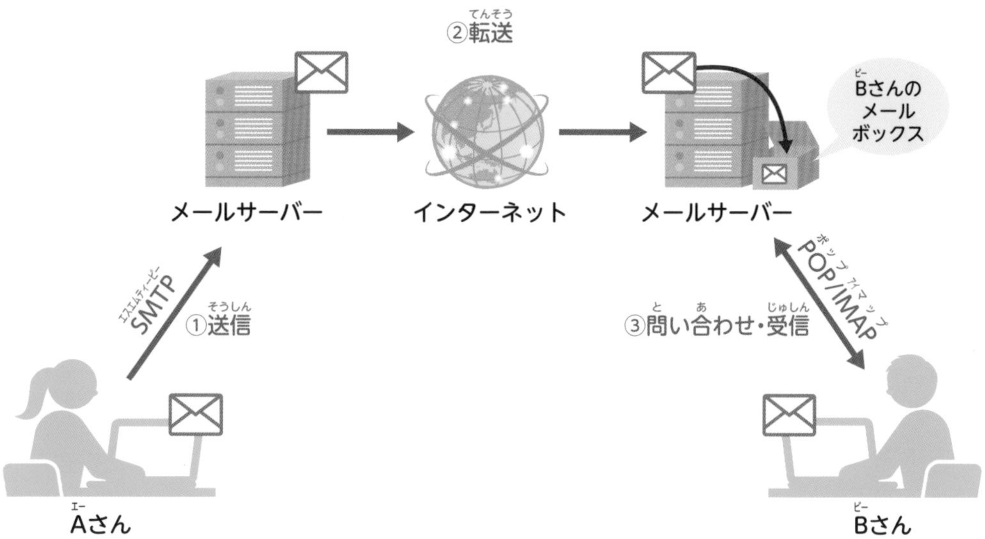

Column コラム

メールアドレスの構成《こうせい》

メールアドレスは、@（アットマーク）の左《ひだり》がユーザー名《めい》、右《みぎ》がドメイン名《めい》です。ユーザー名《めい》は使用者《しようしゃ》の名前《なまえ》です。ドメイン名《めい》はサーバーの住所《じゅうしょ》で組織《そしき》などがわかるような名前《なまえ》がつけられています。メールアドレスはIP《アイピー》アドレスやドメイン名同様《めいどうよう》、インターネット上《じょう》で同《おな》じ名前《なまえ》を使《つか》えません。

s.makoto @ gmail.com

↑ ユーザー名《めい》　↑ ドメイン名《めい》

3-10

メールを書《か》くとき、出《だ》すときのルールは何《なに》？

先生《せんせい》にメールを出《だ》したいのですが、気《き》をつけることはありますか？

A

メール文《ぶん》の最初《さいしょ》には送《おく》る相手《あいて》の名前《なまえ》に敬称《けいしょう》をつけて書《か》きましょう。次《つぎ》に、送《おく》り主《ぬし》である自分《じぶん》の名前《なまえ》を書《か》きましょう。その下《した》に本題《ほんだい》の内容《ないよう》を書《か》いたあと、最後《さいご》にもう一度《いちど》自分《じぶん》の名前《なまえ》を入《い》れましょう。メールの件名《けんめい》は相手《あいて》にわかりやすい内容《ないよう》にしましょう。

メールの文面《ぶんめん》には、必《かなら》ず相手《あいて》と自分《じぶん》の氏名《しめい》を書《か》くようにしましょう。メールアドレスだけでは、誰《だれ》だかわからないことがあります。迷惑《めいわく》メールと思われてしまうこともあります。

目上《めうえ》の人《ひと》へは、文面《ぶんめん》の最初《さいしょ》に「○○先生《せんせい》」「○○様《さま》」と相手《あいて》の姓《せい》と敬称《けいしょう》を書《か》くようにしましょう。

メーラーの宛先《あてさき》（To《トゥー》）欄《らん》には相手《あいて》のメールアドレスを指定《してい》します。もし複《ふく》数人《すうにん》に同《おな》じ内容《ないよう》を送《おく》りたいときはCc《シーシー》またはBcc《ビーシーシー》に相手《あいて》のメールアドレスを指定《してい》します。Bcc《ビーシーシー》は受信者同士《じゅしんしゃどうし》がわからないように送《おく》ることができます。なお、メールを送《おく》る本人《ほんにん》のメールアドレスは差出人《さしだしにん》（from《フロム》）に表示《ひょうじ》されます。

●メールの送信方法《そうしんほうほう》の種類《しゅるい》

種類《しゅるい》	内容《ないよう》
宛先《あてさき》（To《トゥー》）	メッセージを送《おく》る相手《あいて》のメールアドレスを指定《してい》。
Cc《シーシー》	To《トゥー》のメッセージのコピーを送《おく》りたいメールアドレスを指定《してい》。どのメールアドレスに送《おく》ったか、受信《じゅしん》した人全員《ひとぜんいん》がわかる。
Bcc《ビーシーシー》	Cc《シーシー》同様《どうよう》、To《トゥー》のメッセージのコピーを送《おく》りたいメールアドレスを指《し》定《てい》。ただし、Cc《シーシー》と違《ちが》って、Bcc《ビーシーシー》で指定《してい》したメールアドレスは、受信《じゅしん》した人《ひと》にはわからない。

コラム
Column

メールの署名《しょめい》の例《れい》

ビジネスのメールのやり取《と》りでは、多《おお》くの場合《ばあい》、文末《ぶんまつ》に所属《しょぞく》する会社名《かいしゃめい》、氏《し》名《めい》や連絡先《れんらくさき》などを書《か》いた「署名《しょめい》」（シグネイチャ）をつけます。シグネイチャはたいていのメールアプリで事前《じぜん》に設定《せってい》しておくことができます。その場合《ばあい》、新規《しんき》にメールを作成《さくせい》する際《さい》や、送信《そうしん》する際《さい》に、自動的《じどうてき》に署名《しょめい》が入《はい》ります。

****
情報技術中学校《じょうほうぎじゅつちゅうがっこう》　佐藤結衣《さとうゆい》
Mail《メール》:yui4649@gmail.com
****

◀署名《しょめい》（シグネイチャ）の例《れい》

3-11

インターネットで気《き》をつけることってどんなこと？

とても便利《べんり》なインターネットですが、気《き》をつけないといけないことはどんなことでしょうか？

情報《じょうほう》

ウソ　デマ
悪口《わるぐち》　匿名《とくめい》
プライバシー　著作権《ちょさくけん》
など

技術《ぎじゅつ》

コンピュータウィルス
データ破壊《はかい》　乗《の》っ取《と》り
インターネット詐欺《さぎ》
不正《ふせい》アクセス
など

インターネットでは、情報《じょうほう》として気《き》をつけなくてはいけないことと、技術《ぎじゅつ》として気《き》をつけなくてはいけないことがあります。

情報面《じょうほうめん》では信《しん》ぴょう性《せい》、技術面《ぎじゅつめん》ではセキュリティが挙《あ》げられます。

インターネットの「情報《じょうほう》」には、確《たし》かめずに書《か》かれた信《しん》ぴょう性《せい》のないものが数多《かずおお》くあります。また、意図的《いとてき》にウソやデマ、ニセの情報《じょうほう》を流《なが》しているものもあります。それ以外《いがい》にも、誹謗中傷《ひぼうちゅうしょう》、プライバシー侵害《しんがい》、著作権違反《ちょさくけんいはん》などに気《き》をつけなくてはいけません。

また、コンピュータを破壊《はかい》するウィルスやインターネットを使《つか》った詐欺《さぎ》、外部《がいぶ》からの不正《ふせい》アクセス、乗《の》っ取《と》りなどにも気《き》をつける必要《ひつよう》があります。メールやブラウザを利用《りよう》しているうちに本人《ほんにん》が気《き》づかず被害《ひがい》にあう場合《ばあい》がほとんどで、どのケースも大《おお》きな被害《ひがい》にあう危険《きけん》があります。

Column《コラム》 ネットで悪《わる》いことをする人《ひと》たち

インターネットで悪《わる》いことをする人《ひと》たちの目的《もくてき》はさまざまです。不特定多数《ふとくていたすう》の人《ひと》を困《こま》らせて目立《めだ》ちたい愉快犯《ゆかいはん》、お金《かね》やクレジットカードの情報《じょうほう》を盗《ぬす》むことを目的《もくてき》とした詐欺犯《さぎはん》などがいます。さらに、国《くに》や会社《かいしゃ》の機密情報《きみつじょうほう》を盗《ぬす》むことを目的《もくてき》としている政治犯《せいじはん》や経済犯《けいざいはん》、思想犯《しそうはん》も存在《そんざい》します。他《ほか》にもプライベートな情報《じょうほう》を拡散《かくさん》させるリベンジポルノや、迷惑行為《めいわくこうい》をSNS《エスエヌエス》に公開《こうかい》するバカッターなどの行為《こうい》が問題《もんだい》になっています。

3-12

コンピュータウィルスにはどんな種《しゅ》類《るい》があるの？

コンピュータウィルスに感染《かんせん》すると、どんなことになるのでしょうか？

A

コンピュータウィルスも含《ふく》め、悪意《あくい》のあるプログラムをマルウェアと呼《よ》びます。

これらによる被害《ひがい》は種類《しゅるい》により異《こと》なりますが、コンピュータの中《なか》のデータを破壊《はかい》するもの、情報《じょうほう》を盗《ぬす》むもの、お金《かね》を目的《もくてき》とするものなどさまざまです。

マルウェアは、メール、Web《ウェブ》ブラウザなどを通《つう》じてコンピュータに感染《かんせん》して潜《ひそ》み、情報《じょうほう》の不正取得《ふせいしゅとく》、改《かい》ざんや消去《しょうきょ》、破壊《はかい》などの悪意《あくい》のある動作《どうさ》を行《おこな》います。また、USB《ユーエスビー》メモリーなどを通《つう》じて、インターネットに接続《せつぞく》していなくても感染《かんせん》することがあるので注意《ちゅうい》が必要《ひつよう》です。

●マルウェアの種類《しゅるい》

種類《しゅるい》	内容《ないよう》
ウィルス	ダウンロードしたファイルやメールの添付《てんぷ》ファイルなどに寄生《きせい》し、悪《あく》意《い》のある動作《どうさ》をします。感染《かんせん》したファイルを実行《じっこう》すると、別《べつ》のファイルに感染《かんせん》し、さらに増殖《ぞうしょく》していきます。
ワーム	コンピュータ内《ない》に独立《どくりつ》したプログラムとして潜《ひそ》み、悪意《あくい》のある動作《どうさ》をします。ネットワークやメールを利用《りよう》して、他《ほか》のコンピュータ内《ない》にも侵入《しんにゅう》していき、さらに増殖《ぞうしょく》します。
トロイの木馬《もくば》	正常《せいじょう》なソフトを装《よそお》って潜伏《せんぷく》し、破壊行為《はかいこうい》をします。また、外部《がいぶ》からコンピュータを遠隔操作《えんかくそうさ》できるようにネットワークに裏口《うらぐち》を作《つく》る恐《おそ》れがあります。基本的《きほんてき》に増殖《ぞうしょく》はしません。
スパイウェア	破壊行為《はかいこうい》はしませんが、コンピュータの中《なか》の情報《じょうほう》を不正《ふせい》に収集《しゅうしゅう》するという、ドロボウ的《てき》な特徴《とくちょう》があります。有害《ゆうがい》サイトなどにアクセスすると、高《たか》い確率《かくりつ》で勝手《かって》にダウンロードされます。
ランサムウェア	パソコンやスマホをロックして使《つか》えなくしたり、データを暗号化《あんごうか》するなどして利用《りよう》できないようにし、解除《かいじょ》するための身代金《みのしろきん》を要求《ようきゅう》してきます。

コラム
Column

知《し》らず知《し》らずのうちに自分《じぶん》が加害者《かがいしゃ》になることも

悪意《あくい》のある人《ひと》が、ウィルスに感染《かんせん》させたコンピュータを使《つか》って、標的《ひょうてき》を攻撃《こうげき》するケースがあります。これによって知《し》らないうちに自分《じぶん》が加害者《かがいしゃ》となるのです。

このようなサイバー攻撃《こうげき》の一《ひと》つにDDoS《ディードス》攻撃《こうげき》があります。標的《ひょうてき》に大量《たいりょう》のデータを送《おく》り付《つ》け、機能《きのう》を麻痺《まひ》させる攻撃《こうげき》です。大企業《だいきぎょう》や各国《かっこく》の政府《せいふ》もDDoS《ディードス》の被害《ひがい》にあうことがあります。

3-13 コンピュータウィルスにはどうやって対《たい》処《しょ》すればよいの？

コンピュータウィルスに感染《かんせん》しないようにするにはどうすればよいのでしょう？

A

コンピュータウィルスへの対策《たいさく》は、OS《オーエス》やアプリケーションをアップデートして常《つね》に最新《さいしん》の状態《じょうたい》にしておくことが最《もっと》も基本的《きほんてき》な対策《たいさく》です。

市販《しはん》のアンチウィルスソフトをインストールしておくことも有効《ゆうこう》です。

マルウエアはWindows《ウィンドウズ》などのOS《オーエス》や、アプリケーションの弱《よわ》い部分《ぶぶん》（脆弱《ぜいじゃく》性《せい》）を標的《ひょうてき》にします。これらを防《ふせ》ぐためには定期的《ていきてき》なアップデートが重要《じゅうよう》です。Windows《ウィンドウズ》には「Windows《ウィンドウズ》 Update《アップデート》」機能《きのう》が用意《ようい》されています。また、「ウィルスと脅威《きょうい》の防止《ぼうし》」というマルウェア対策《たいさく》の機能《きのう》も装備《そうび》しています（下図《かず》）。これらの機能《きのう》があれば、市販《しはん》のアンチウィルスソフトが無《な》くても、定期的《ていきてき》にコンピュータ内《ない》をチェックしてくれます。マルウェアは常《つね》に新種《しんしゅ》が現《あらわ》れるので、ウィルス情報《じょうほう》を常《つね》に最新《さいしん》のものにアップデートしておく必要《ひつよう》があります。

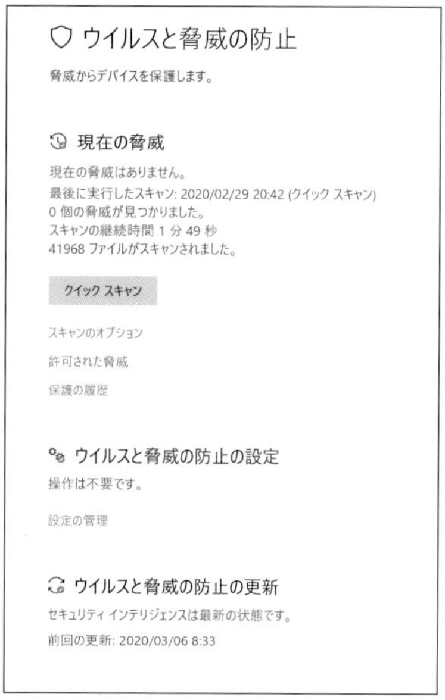

コラム Column

人間《にんげん》による被害《ひがい》にも気《き》をつけよう

コンピュータウィルスやフィッシング詐欺《さぎ》はインターネットを通《つう》じた被害《ひがい》ですが、人間《にんげん》がパソコン自体《じたい》を盗《ぬす》んだり、データをコピーして持《も》ち逃《に》げする事件《じけん》も数多《かずおお》く発生《はっせい》しています。自分《じぶん》がいないうちにこっそり操作《そうさ》されたり、盗《ぬす》み見《み》され大切《たいせつ》な情報《じょうほう》が漏《も》れてしまうことがあります。

普段《ふだん》から、席《せき》を外《はず》すときは画面《がめん》ロックをかけることや、USB《ユーエスビー》メモリーには暗号《あんごう》をかけるなどの対策《たいさく》も重要《じゅうよう》です。

3-14

ファイアウォールって何《なに》？

ファイアウォールとは何《なん》でしょうか？　どんな役目《やくめ》があるのでしょうか？

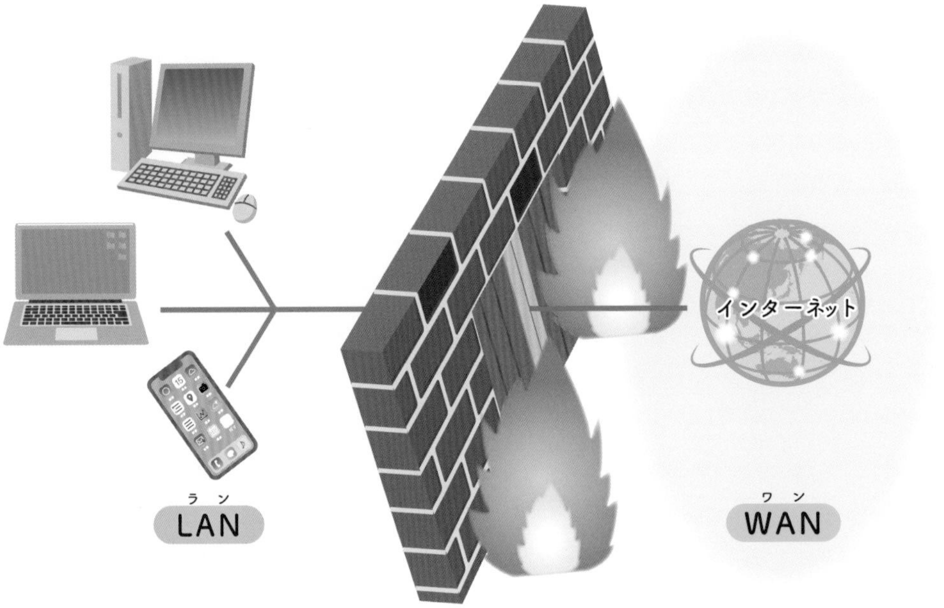

ファイアウォールとは、外部《がいぶ》のネットワークと内部《ないぶ》のネットワークの間《あいだ》にある防火壁《ぼうかへき》のようなものです。

外部《がいぶ》からの不正《ふせい》な攻撃《こうげき》から、内部《ないぶ》のネットワークにあるコンピュータを守《まも》ります。

ファイアウォールは、LAN《ラン》とインターネットとの境界《きょうかい》にあるルーターに、壁《かべ》となるネットワーク監視機能《かんしきのう》を持《も》たせたものです。許可《きょか》された通信《つうしん》のみが壁《かべ》を通過《つうか》できます。

ファイアウォールにはさまざまな通信監視方法《つうしんかんしほうほう》があります。主《おも》なものがパケットフィルタリングです。パケットフィルタリングではプロトコルの種類《しゅるい》、IP《アイピー》アドレス、ポート番号《ばんごう》（通信《つうしん》プログラムの識別番号《しきべつばんごう》）などにより、ファイアウォールを通《とお》してよいパケット（小包《こづつみ》）かどうかを判断《はんだん》します。

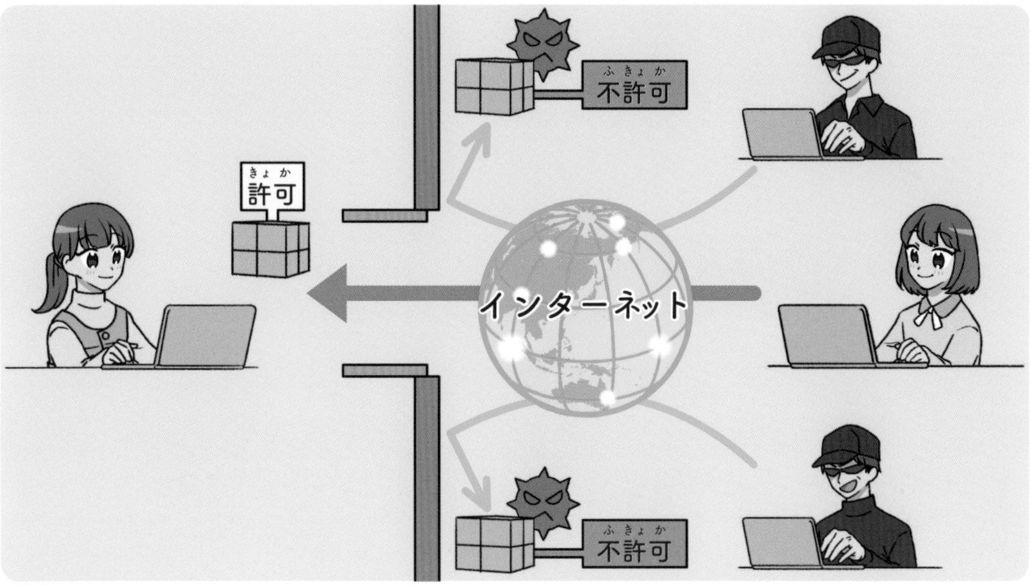

Column《コラム》

家庭《かてい》でのファイアウォール

会社《かいしゃ》や学校《がっこう》では、システム管理部門《かんりぶもん》がファイアウォールを設定《せってい》しています。一方《いっぽう》、家庭《かてい》でファイアウォールを設定《せってい》したい場合《ばあい》は、いくつかのやり方《かた》があります。OS《オーエス》がWindows10《ウィンドウズテン》の場合《ばあい》、ファイアウォール機能《きのう》が内蔵《ないぞう》されています。スタートメニューから[Windows《ウィンドウズ》セキュリティ]→[ファイアウォールとネットワーク保護《ほご》]を選《えら》ぶと設定《せってい》できます。また、ファイアウォール機能付《きのうつ》きのルーターを設置《せっち》すれば、LAN《ラン》上《じょう》の機器《きき》をすべて防御《ぼうぎょ》できます。市販《しはん》のパーソナルファイアウォールをパソコンにインストールする方法《ほうほう》もあります。

3-15

インターネットを使《つか》った詐欺《さぎ》ってどんなものがあるの？

限定商品《げんていしょうひん》が当《あ》たったというメールを受《う》け取《と》りました。「今《いま》すぐ入手《にゅうしゅ》」というボタンがありますが、押《お》しても大丈夫《だいじょうぶ》でしょうか？

知《し》らない人《ひと》や心当《こころあ》たりのない内容《ないよう》のメールが来《き》たら、詐欺《さぎ》の可能性《かのうせい》があるので無視《むし》して削除《さくじょ》しましょう。よくあるインターネットの詐欺《さぎ》がフィッシング詐欺《さぎ》です。メールに貼《は》ったリンクをクリックさせて、偽物《にせもの》のWeb《ウェブ》ページに誘《さそ》い込《こ》み個人情報《こじんじょうほう》を盗《ぬす》み取《と》ります。

フィッシング詐欺《さぎ》は、銀行《ぎんこう》のネットバンキングのＩＤ《アイディー》やパスワード、クレジットカード情報《じょうほう》など、金融系《きんゆうけい》の情報《じょうほう》を盗《ぬす》み取《と》るものが多《おお》いです。もし、フィッシング詐欺《さぎ》と思《おも》われるWeb《ウェブ》ページに誤《あやま》ってこれらの情報《じょうほう》を送信《そうしん》したときは、すぐに金融機関《きんゆうきかん》やカード会社《がいしゃ》に連絡《れんらく》し、ネットバンキングやカードの利用停止《りようていし》の手続《てつづ》きをしてください。フィッシング詐欺《さぎ》は、メールに貼《は》られたＵＲＬ《ユーアールエル》のリンクをクリックさせる形式《けいしき》のものがほとんどですが、ショートメールで同様《どうよう》の詐《さ》欺《ぎ》を行《おこな》うものもあるので、メール以外《いがい》にも注意《ちゅうい》する必要《ひつよう》があります。

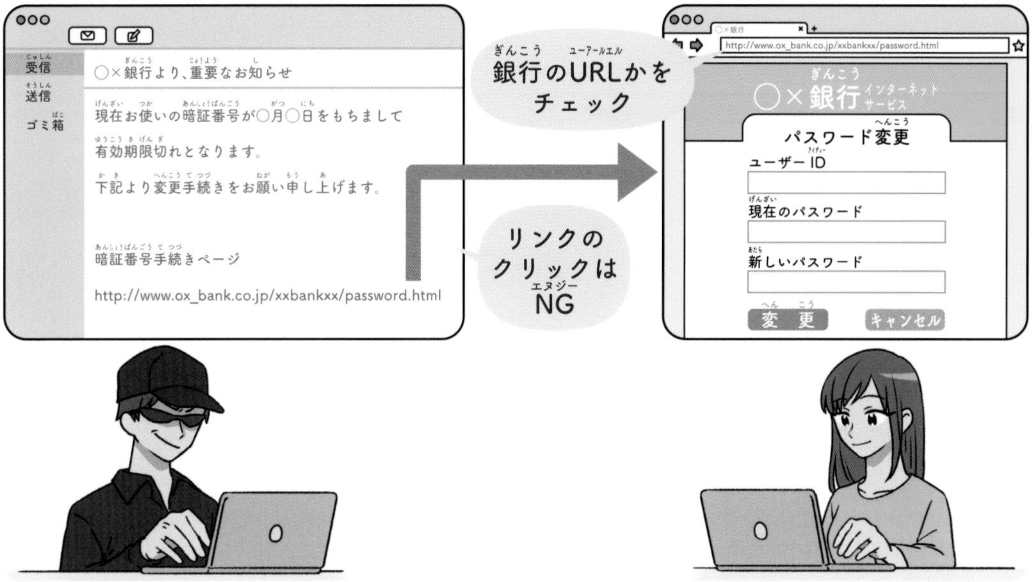

Column コラム

インターネットで発生《はっせい》する詐欺《さぎ》

インターネットではフィッシング詐欺以外《さぎいがい》にも、次《つぎ》のような詐欺事件《さぎじけん》が発生《はっせい》しています。多《おお》くはお金《かね》の取得《しゅとく》を目的《もくてき》としています。

●ワンクリック詐欺《さぎ》：クリックしただけで入会金《にゅうかいきん》などを請求《せいきゅう》される詐欺《さぎ》。

●偽販売《にせはんばい》サイト：商品《しょうひん》を送《おく》ってこない、偽物《にせもの》の商品《しょうひん》が送《おく》られる、クレジットカードなどの情報《じょうほう》を盗《ぬす》むなどの詐欺《さぎ》。

●偽警告《にせけいこく》：Web《ウェブ》サイトで突然画面《とつぜんがめん》に「ウィルスに感染《かんせん》しています」などと警《けい》告《こく》メッセージを表示《ひょうじ》し、偽《にせ》セキュリティソフトなどを有料契約《ゆうりょうけいやく》させる詐欺《さぎ》。

ネット依存《いぞん》ってどんなこと？

　ネット依存《いぞん》はどんなことなのでしょうか？ネット依存《いぞん》にならないようにするためにはどうしたらよいのでしょうか。

A

　インターネットは楽《たの》しく便利《べんり》ですが、やりすぎると、依存症《いぞんしょう》になってしまいます。ネット依存《いぞん》として多《おお》いものに、ネットゲーム、動画《どうが》サイト、SNS《エスエヌエス》があります。

　ネット依存症《いぞんしょう》にならないようにするためには、自分自《じぶんじ》身《しん》のルール作《づく》りが必要《ひつよう》です。

ネット依存《いぞん》はインターネットのサービスにのめりこんでしまう依存症《いぞんしょう》のことです。健康被害《けんこうひがい》（視力低下《しりょくていか》、睡眠障害《すいみんしょうがい》）、学習《がくしゅう》・運動能力《うんどうのうりょく》・注意力《ちゅういりょく》の低下《ていか》、対人《たいじん》トラブル、金銭《きんせん》トラブルなどさまざまな問題《もんだい》を引《ひ》き起《お》こします。悪化《あっか》すれば専門医《せんもんい》による治療《ちりょう》が必要《ひつよう》になります。予防《よぼう》するためには、１日《にち》の使用時間《しようじかん》を決《き》めることが大切《たいせつ》です。また、何《なに》を使《つか》ったのか、利用内容《りようないよう》もチェックします。ルールを決《き》める際《さい》は、自分《じぶん》だけでなく、保護者《ほごしゃ》と一緒《いっしょ》に考《かんが》えるようにすると効果的《こうかてき》です。ネット以外《いがい》の時間《じかん》をつくり、趣味《しゅみ》やスポーツで身体《からだ》を動《うご》かすことも有効《ゆうこう》です。

コラム Column

ネット依存《いぞん》のチェックと依存《いぞん》だった場合《ばあい》の対処《たいしょ》

自分《じぶん》がネット依存《いぞん》かどうか知《し》りたいときは、公的機関《こうてききかん》の提供《ていきょう》するインターネット依存度《いぞんど》テスト（IAT《アイエーティー》）というサービスを利用《りよう》してみましょう。下記《かき》のURL《ユーアールエル》にアクセスするとテストできます。

■ IAT《アイエーティー》

https://kurihama.hosp.go.jp/hospital/screening/iat.html

ネット依存《いぞん》が疑《うたが》われるときは、保護者《ほごしゃ》や学校《がっこう》の先生《せんせい》、スクールカウンセラーや保健《ほけん》の先生《せんせい》などに相談《そうだん》してみましょう。

さくいん

■著者プロフィール

松下 孝太郎（まつした こうたろう）
神奈川県横浜市生。
横浜国立大学大学院工学研究科人工環境システム学専攻博士後期課程修了 博士（工学）。
現在、東京情報大学《(学)東京農業大学》総合情報学部 教授。
画像処理、コンピュータグラフィックス、教育工学等の研究に従事。
教育面では、プログラミング教育、シニアへのICT教育、留学生へのICT教育等にも注力しており、サイエンスライターとしても執筆活動および講演活動を行っている。

山本 光（やまもと こう）
神奈川県横須賀市生。
横浜国立大学大学院環境情報学府情報メディア環境学専攻博士後期課程満期退学。
現在、横浜国立大学教育学部 教授。
数学教育学、離散数学、教育工学等の研究に従事。
教育面では、プログラミング教育、教員養成、著作権教育にも注力しており、
サイエンスライターとしても執筆活動および講演活動を行っている。

■ご注意
本書の内容は2020年7月時点での最新情報をもとにしています。その後、変更されたり、無くなっている可能性があります。

装丁　●羽田眞由美（株式会社ユニックス）
本文　●湯浅安恵・石堂真菜実（株式会社ユニックス）
イラスト　●花田麻緒・中田亜花音・清野郁代（株式会社ユニックス）

やさしくわかるデジタル時代《じだい》の情報《じょうほう》モラル
【③インターネット・メール・セキュリティ編《へん》】

2020年8月21日　初版　第1刷発行

著　者　松下　孝太郎、山本　光
発行者　片岡　巌
発行所　株式会社技術評論社
　　　　東京都新宿区市谷左内町21-13
電　話　03-3513-6150　販売促進部
　　　　03-3267-2270　書籍編集部
印刷・製本　大日本印刷株式会社

定価はカバーに表示してあります。

造本には細心の注意を払っておりますが、万一、乱丁（ページの乱れ）や落丁（ページの抜け）がございましたら、小社販売促進部までお送りください。送料小社負担にてお取り替えいたします。
ISBN978-4-297-11417-6 C8304
Printed in Japan

●本書へのご意見、ご感想は、技術評論社ホームページ（http://gihyo.jp/）または以下の宛先へ書面にてお受けしております。電話でのお問い合わせにはお答えいたしかねますので、あらかじめご了承ください。

〒162-0846　東京都新宿区市谷左内町21－13
株式会社技術評論社書籍編集部『やさしくわかるデジタル時代の情報モラル【③インターネット・メール・セキュリティ編】』係
FAX：03-3267-2271